# Außenseitergedichte

von

**David Kessel**

übersetzt von Oliver Steinke
und
Zeichnungen von Dieter Reger

Zweisprachig: Englisch-Deutsch

**Verlag Edition AV**

CIP-Titelaufnahme der deutschen Bibliothek
Kessel, David:
Außenseitergedichte – David Kessel.
Mit Zeichnungen von Dieter Reger.
Übesetzt von Oliver Steinke
Auflage 1. Tsd., Lich/ Hessen, Verlag Edition AV

ISBN 978-3-936049-77-0


Der Verlag dankt **Dieter Reger** für sein Können als Künstler und **Oliver Steinke** für die Übersetzung.



1. Auflage 2007
© Copyright der Gedichte by David Kessel und
by Verlag Edition AV, Lich / Hessen



Alle Rechte vorbehalten!

Ohne ausdrückliche Genehmigung des Verlages ist es nicht gestattet, das Buch oder Teile daraus auf fotomechanischem Weg (Fotokopie, Mikrokopie usw.) zu vervielfältigen oder in elektronische Systeme einzuspeichern, zu verarbeiten oder zu verbreiten.
Satz und Buchgestaltung: Andreas W. Hohmann
Druck: Leibi / Neu-Ulm
Umschlaggestaltung: Dieter Reger

Printed in Germany

ISBN 978-3-936049-77-0

**Dieter Reger** lebt als freier Künstler in Nürnberg. Kontakt über den Verlag jederzeit möglich.

**Oliver Steinke** lebt als Autor und Übersetzer in Flensburg. Von Oliver Steinke sind bei Verlag Edition AV erschienen:
- **Der Verrat von Mile End**, Historischer Roman, 2003
- **Das Auge des Meerkönigs**, Historischer Roman, 2004
- **Füchse der Ramblas**, Historischer Roman, 2005

## Wer ist David Kessel? – Leben und Werk
### Eine Annäherung

Als ich ihn das erste Mal in seiner verrauchten Zweizimmerwohnung im Londoner East End besuchte, begegnete ich einem höflichen und großzügigen Mann in den Fünfzigern. Seine Größe von 1,90 m steht im eigenartigen Kontrast zu einem etwas scheuen Wesen. Ich wunderte mich, wie er in dieses Haus ins East End kam, in dem Menschen mit psychischen Problemen betreut werden. Und ich fragte mich auch, warum die Städteplaner diese Einrichtung gerade in dieses eng bebaute Armen-Viertel gesetzt hatten. Gassen, in denen die Menschen auf Regen hoffen, damit Wasser die Abgase und sonstigen Gerüche wegspült, die sie manchmal kaum atmen lassen und wo kurz nach unserer Ankunft direkt unter Davids Fenster ein Jugendlicher verhaftet wurde. Kein Ort, um zur Ruhe zukommen. Was war zuerst da gewesen: Das Leben im East End, wohin er selbst mit 24 Jahren (zurück)zog, oder die Melancholie, die in Davids Gedichten immer wieder durchscheint? Hier lebt ein Mann, der die frühen deutschen Expressionisten Ernst Maria Stadler, Georg Heym und Georg Trakl bewundert. Und tatsächlich lesen sich seine Gedichte als Fortsetzung einer Lyrik, die den Moment beschreibt, um die mitschwingende sonst unsagbare Stimmung einzufangen. David Kessels Gedichte sprechen über Gegenden, Plätze, Straßen und die Außenseiter, die sie durchstreifen. So erhält der Leser und die Leserin mit diesem Gedichtband einen etwas anderen Reiseführer durch London und Südengland in die Hand, einen Führer, der einen geradewegs zu den Schicksalen und in die Seelen derjenigen leitet, die *auch* hier leben, während sie – ob mit Absicht oder nicht - übersehen werden.

David wurde an einem regnerischen Apriltag 1947 als Sohn eines Arztes und einer Künstlerin geboren. Der Großvater väterlicherseits war deutsch-stämmiger Jude, der aus Süd-Afrika in den Norden Londons immigrierte. Zu jener Zeit war ein Großteil der Menschen im East End jüdischer Herkunft. Denn das East End, in dem heute die meisten Londoner Einwanderer aus Bangladesch und Pakistan leben, hat eine weitgehend vergessene Geschichte: Lange Zeit war es das Viertel der einfachen jüdischen Arbeiterinnen und Arbeiter. Hier lebte und wirkte bis zu Beginn des ersten Weltkrieges Rudolf Rocker, einer der schöpferischsten Anarchisten des 20. Jahrhunderts, als unermüdlicher Aktivist und Journalist. Als Nichtjude lernte Rudolf Rocker Jiddisch und gab von 1898-1914 den anarchosyndikalistischen „*Arbeiterfreund*" und das ebenfalls in Jiddisch erschienene „*Germinal*" heraus. Dieses jüdische Viertel mit seiner Kultur war auch Ziel eines faschistischen Mobs, der 1936 dorthin marschierte, um Angst und Terror zu verbreiten. In der Cable Street, nahe Davids Wohnblock, wurde der Aufmarsch samt den ihn begleitenden Polizisten durch eine Barrikade aufgehalten. Jüdische Arbeiter, unterstützt von irischen Dockern, lieferten sich mit Polizei und Moosly- Faschisten eine heftige Straßenschlacht, in deren Verlauf es ihnen gelang, den Angriff zurückzuschlagen. Heute erinnert ein beeindruckendes Wandgemälde in der Cable Steet an diese Schlacht. Einige Straßenecken weiter, in einer Hintergasse, existiert noch immer eines der ältesten anarchistischen Zentren Londons, der *„Freedom"* Buchladen, mit seiner gleichnamigen, über hundertjährigen Zeitung. David Kessel stöbert hier manchmal, um halbvergessene Werke Rockers oder anderer Arbeiterintellektueller aus dem East End zu finden. Sein Vater lebte bewusst in dem zu jener Zeit noch überwiegend jüdischen Viertel, wo er seine lebenslustige Frau, eine Kunstmalerin, kennen lernte.

David betont immer wieder: Der Schlüssel zu seiner eigenen Kindheit läge in den traumatischen Kriegserlebnissen des Vaters als Sanitätsarzt. Während ein Teil der Familie seines Vaters in den Konzentrationslagern von den Nazis ermordet wurde, meldete sich Davids Vater bei der englischen Armee. „Er verlor dann seine Seele in der Schlacht von Arnheim", so David, „da er das Erlebte nicht verarbeiten konnte". Der Vater war nicht fähig, liebevoll mit seinen beiden Söhnen umzugehen (Davids Bruder ist heute Theaterschauspieler in Skandinavien). Die Mutter, die Landschaften im Stile Van Gogh malte, vernachlässigte ihre Kinder für ihre politische Arbeit, die ungewöhnlich genug war: Im heraufziehenden kalten Krieg war sie nicht nur Mitglied, sondern unermüdliche Aktivistin für die kommunistische Partei Englands. Davids Jugend wurde durch Krankheit belastet, trotzdem gelang es ihm, sein Studium abzuschließen und wie sein Vater Arzt zu werden. Später musste er wegen erneuter Krankheit den Beruf aufgeben und fing an zu schreiben.

David schrieb und schreibt Gedichte, die unter die Haut gehen und denen eine Stimme geben, die ansonsten nie gehört, vergessen und weggesperrt werden oder an Drogen zugrunde gehen. Ohne Frage lässt er sich in die Reihe der großen Expressionisten einreihen.

David Kessel lebt mit den Außenseitern und Vergessenen. So ist auch seine beste Freundin und Vertraute Hazel unbekannt geblieben. Sie, eine Weiße, war Widerstandskämpferin gegen das Apartheitsregime in Südafrika. Sie verliebte sich in den Schwarzen John, der wie sie sein Leben riskierte, um die brutale Unterdrückung zu beenden.

Als die Polizei ihre Gruppe einkreiste, flohen die beiden nach London ins East End, wo Hazel als Krankenschwester arbeitete und noch heute wie David in einer unscheinbaren Sozialwohnung lebt. Warum aber werden solche Menschen von der Allgemeinheit vergessen? Wahrscheinlich müssen wir die Frage umdrehen:

**Was ist das für eine Welt in der die wundervollsten Menschen nur als Außenseiter leben?**

Im Vorwort zu den *„Außenseitergedichten"*, heißt es: *„Anerkannte Dichter haben eine uniformierte, abgekartete, weißgewaschene Stimme, die behauptet: ‚He, wir sind doch alle auf der gleichen Wellenlänge'. Aber wir verweigern diese Gleichförmigkeit (und die Fernsehgebühren). Wir werden in der Morgendämmerung erschossen."*

Letzteres mag sich übertrieben anhören und tatsächlich werden die Unbequemen in einer Demokratie heute ja auch eher weggesperrt als erschossen (Obwohl auch das vorkommt): Der Menschenrechtler und Maler Leonard Pelltier, mittlerweile ein schwerkranker, alter Mann, sitzt seit Jahrzehnten genauso unschuldig im Gefängnis der USA wie der zum Tode verurteilte Journalist Mumia Abu Jamal. Sie sollen vergessen werden, Einzelschicksale in der nach Indien zweitgrößten „Demokratie" der Welt. Gefangene einer Supermacht, deren korrupter Präsident zusammen mit der englischen Regierung nichts dabei findet, Länder zu überfallen, um ihre Ölquellen zu rauben und sie dabei in ein Schlachthaus verwandelt. Es ist diese Welt in der „Außenseiter" einfach deshalb nicht gehört werden und anscheinend Unrecht haben, weil sie am Rand stehen. Und unzählige so genannte Kulturschaffende, Journalisten, Künstler und Schriftsteller singen das Hohelied auf die Mächtigen, ganz gleich wie dreist diese lügen. Sie preisen Wirtschaftsbosse als Wohltäter und Mafia Politiker als bedeutende Staatsmänner, erklären Kriegsflugzeuge zu Friedenstauben. In einer solchen Welt scheint kein Platz mehr für einen Menschen wie David, der die Wahrheit sucht und auch in der Linken in Leserbriefen immer wieder einen nichtkonformen, eigenen Standpunkt einbringt.

Und doch würde es David nicht gerecht werden, ihn allein als politischen Dichter zu beschreiben. David Kessel ist vor allen Dingen Expressionist, Wort gewaltiger Übermittler einer verdrängten Parallelwelt.

In den *„Collected Poems – O The windows of the bookshop must be broken"* beschreibt Freund und Herausgeber *Alan Morrison* in seinem Vorwort *„Storming Heaven in a Book"* David zu Recht vor allen als einen Dichter des Mitgefühls.

Tatsächlich schwingt in fast jedem seiner Gedichte eine große Zärtlichkeit.
Sie wird überdauern im Gegensatz zu fast allen, was heute in der kapitalistischen Öffentlichkeit gefeiert wird.

*Oliver Steinke*

In England wurde außer den „*Outsiderpoems*", (Erstauflage 1999 zusammen mit Gedichten von *John Zammit* und Herausgeber *David Amery*), in den letzten Jahren zwei Gedichtsammlungen von David Kessel veröffentlicht:
„*The Ivy*" (das Efeu), Aldgate Press, Neuauflagen 1989 und 1994
"*O The windows of the bookshops must be broken*", Collected Poems 1970-2006, Survivor Press 2006.
Fünf seiner Gedichte wurden in einer Performance des EMFEB Symphony Orchestra von Joe Powell und Komponist Owen Bourne am 5. November 2005 in London uraufgeführt.

**Inhalt:**

| | | |
|---|---|---|
| London | *London* | 12 |
| Life against death | *Leben gegen Tod* | 14 |
| My Youth | *Meine Jugend* | 16 |
| The Vixen | *Die Füchsin* | 18 |
| Willesden High Street | *Willesden High Street* | 20 |
| Summer rain | *Sommerregen* | 22 |
| In memory of Jude | *In Erinnerung an Jude* | 24 |
| The Stillness | *Die Stille* | 28 |
| Schizoid | *Schizoid* | 30 |
| New Cross | *Neues Kreuz* | 32 |
| Paranoia or stupidity | *Paranoia oder Stumpfsinn* | 34 |
| Intimacy | *Intimität* | 38 |
| Possessed | *Besessen* | 40 |
| To bleed with her | *Mit ihr zu bluten* | 42 |
| For Desmond Trotter | *Für Desmond Trotter* | 44 |
| Tough one | *Harter* | 46 |
| The River | *Der Fluss* | 48 |
| A Mug of Black Coffee | *Ein Becher schwarzer Kaffee* | 40 |
| Poverty and Poetry | *Dichtung und Armut* | 52 |

## London

City of Chaplin and MI5.
A troubled cockney girl, stranger to herself,
marrowed by a grey savage sky across the river.
Moneyed nothingness in Knightsbridge.
The walking dead, their symbols and threats,
haunt this city, driving us into underground passages
where generosity of hearts and arms are everything.
A lungful of the wind across a park
before the dawn of cockney power,
the heart of London drowned outside an 'offie'.
From a tenement a blackbird sings;
mellow the sound, sour the land.
Incendiary to the spirits
of a broken bitter people.
Beyond our narrow classes, our stilted politics,
our poverty of heart and stomach,
we are all searching for sweethearts to walk on windy
October afternoons when brown golden leaves are falling.

*1999*

*London*

Stadt von Chaplin und MI 5*.
Ein Cockney* Mädchen in Schwierigkeiten, sich selbst fremd,
ins Mark getroffen vom grau wilden Himmel über dem Fluss.
Geldglotzende Bedeutungslosigkeit in Knightsbridge.
Die umherziehenden Toten, ihre Symbole und Drohungen,
jagen diese Stadt, drängen uns in die U-Bahnunterführungen,
wo die Großzügigkeit der Herzen und Arme alles bedeutet.
Ein tiefer Atemzug des Windes durch den Park,
vor der Morgendämmerung der Cockney Macht
wird das Herz von London vor dem Eingang eines Spritladens ertränkt.
Von einer Wohnstätte aus singt eine Amsel;
süß der Gesang, sauer die Erde.
Aufruhr der Seelen
von gebrochenen, verbitterten Menschen.
Jenseits unser einengenden Klassen,
unserer hochtrabenden Politik,
unserer Armut des Herzens und Inneren,
suchen wir alle nach Geliebten,
um mit ihnen durch windige Oktober Nachmittage zu schlendern,
wenn braune, goldene Blätter fallen.

*1999*

*MI 5: Englischer Geheimdienst*
*Cockney: Bezeichnung für LondonerInnen der Arbeiterklasse: Schlecht bezahlte Arbeitende oder Arbeitslose.*

**Life Against Death**

East wind of high summer.
Old men with cider bottles,
and I suddenly an old man.

Through the slums with Jesus,
black, broken hearted, golden Grace.

The whistling Cockney gives
his heart away at street corners
to the young alci, cursing, skint.

Bengali dawn
on Whitechapel waste.

The Gestapo will pass –
there shall be silence
broken by cawing crows
and the vixen's cry.

Strong as our pain is strong,
our children are.

A savage peace,
the rain over Stepney.

*1999*

*Leben gegen Tod*

Ostwind des Hochsommers
Ein alter Mann mit Ciderflaschen,
und ich plötzlich ein alter Mann.

Durch die Slums mit Jesus,
schwarz, gebrochenes Herz, goldene Gnade.

Der erfolglose Cockney vergibt
sein Herz an Straßenecken
an den jungen Alki: fluchend, völlig abgebrannt.

Bengalische Abenddämmerung
über dem Abfall von Whitechapel.

Die Gestapo wird vorüberziehen -
es soll Stille sein
unterbrochen von krächzenden Krähen
und dem Schrei der Füchsin.

Stark wie unser Schmerz stark ist,
sind unsere Kinder.

Ein wilder Friede,
der Regen über Stepney.

*1999*

## My Youth

A song of myself
as bleak as Treblinka.

A sweetheart's kisses
with the blood of a Jewish child.

A woman at dawn
caught in the blitz.

A blackbird singing
and a Panzer division.

The tears of regeneration,
a murdered Polish airman.

A Romany lament
for the Gulag Baptist.

Hungry sex
the Gestapo.

A curios child
raped on the Russian steppe.

Longing years
shot in the back.

*Meine Jugend*

Ein Lied über mich
so bleich wie Treblinka.

Küsse einer Geliebten
mit dem Blut eines jüdischen Kindes.

Eine Frau in der Abenddämmerung
vom Blitz* ausgelöscht.

Gesang einer Amsel
und eine Panzer Division.

Die Tränen des geistigen Erwachens,
ein ermordeter polnischer Flieger.

Ein Klagelied der Roma und Sinti
für den Täufer im Gulag

Hungriger Sex
die Gestapo.

Ein neugieriges Kind
in der russischen Steppe vergewaltigt.

Sehnsüchtige Jahre
in den Rücken geschossen.

*„Blitz" Bezeichnung für die Bombenangriffe auf England im 2.Weltkrieg

**The Vixen**

A vixen long through the killing night
hungers in our covert, duplicitous suburbs
for stale, dirty chips, a wounded rat.
In her earthy womb an iron litter
pulsing for moonlight across a June field.
Bitter her eyes, rusty her saliva,
she eats her menses and placenta.
Sing for her a Romany lament in an alleyway
beneath the wintry Plough's seven stars.
Oh starved outcast citizen you are alive
beyond all perception of illuded impatient people.

*1999*

David Kessel's comment:
"The 'vixen' is the English name for a female fox that needs all her evading and hyper awareness to survive and feed herself and her cubs in England with our fox – hunting gentry! A heroine of mine."

*Die Füchsin*

Eine Füchsin langt durch die tödliche Nacht
hungert in unseren kuscheligen, vervielfältigten Vororten
nach schimmeligen, schmutzigen Pommes, einer verwundeten Ratte.
In ihrer erdigen Gebärmutter einen eisernen Wurf
pulsierend nach Mondlicht über einem Junifeld.
Verbitterte Augen, verrosteter Speichel,
frisst sie ihren Monatsfluss und Plazenta.
Sing ihr ein Klagelied der Roman und Sinti in einer Allee
unter den sieben frostigen Sternen des großen Wagens.
Oh hungernde ausgestoßene Stadtbewohnerin, du lebst
jenseits aller Vorstellung der krankhaft ungeduldigen Menschen.

*1999*

David Kessel schrieb mir dazu:
„ ‚Vixen' bezeichnet im Englischen den weiblichen Fuchs, die all ihre Geheimhaltung und höheren Sinne zum Überleben braucht, um in England mit seinem Füchse jagenden Adel zu überleben und sich und ihre Welpen durchzubringen. Meine Heldin."

## Willesden High Street

I don't know whether I found first
red roses at dusk
or a blackbird at daybreak.
Dirty walls like broken grieving.
The hunger of heaven in this laboured street.
Aching love for mum, thirst beneath a black sky.
Youth's desperate meaning, the asylum of childhood.
From the sorcery of a pub, a Gaelic lament.
Sex given for blood in damp rooms,
a sacrament holier than sacred broken bread.
How can we live without our memories where
the bestridden gutter meets tired workers and a savage sky?
The possessed cries of lovers behind the graveyard
and the summer smell of lilac from a scrapyard.

## Willesden High Street

Ich weiß nicht mehr, was ich zuerst fand:
Rote Rosen in der Abenddämmerung
oder eine Amsel bei Tagesanbruch.
Schmutzige Mauern wie gebrochener Schmerz.
Hunger nach Himmel in dieser geschäftigen Straße.
Ächzende Liebe nach Mama, Durst unter schwarzem Himmel.
Der Jugend verzweifelte Sinnsuche, das Asyl der Kindheit.
Aus der Hexerei einer Kneipe ein gälisches Klagelied.
Sex wird in feuchten Räumen für Blut gegeben,
ein Sakrament heiliger als das gesegnete, gebrochene Brot.
Wie können wir ohne unsere Erinnerungen leben, dort, wo sich
die gemiedene Gosse mit müden Arbeitern und einem wilden Himmel
trifft?
Die besessenen Schreie der Liebenden hinter dem Friedhof
und Sommerduft des Lila Flieders aus einem Hof voll Schrott und
Müll.

**Summer Rain**

Summer rain on Stepney streets.
Dying to oneself on dirty pavements
when clouds part and sunlight floods a courtyard.
A sufi song as ruthful as the rain.
Shit jobs for shit wages, the cockney's curse.
On their faces, a ravaged wonderful earth.

*2000*

*Sommerregen*

Sommer Regen auf Stepneys Straßen.
An sich selbst sterben auf schmutzigen Gehwegen,
während Wolken vorüberziehen und Sonnenlicht den Hof überflutet.
Sufi* Gesang, barmherzig wie der Regen.
Scheiß Jobs für Scheiß Löhne, der Cockney Fluch.
In ihren Gesichtern, eine verwüstete wundervolle Erde.

*2000*

* Islamischer Mystiker

## In Memory of Jude

You could still marvel at the blackbird singing
above the dusk college square with sombre bells
ringing beneath the May sycamores.
At bookshops bleeding with mankind and the firmament.
Fancy youth with death in their hearts
pass up and down the seductive streets
and behind thick walls make words deadly
with expectation and fear, drunk with themselves.
Only in the cold churches do they struggle
to win some divine life.
The desperate vagrant is more solid:
He remembers, as yourself, the rich flinty earth,
cuckoo calling and smell of wheat in rain on a down.
Your death is carved in stone in library windows.
Your tears angry, soulful music in a pub
by the bus-station. Beneath a bus
your sweetheart wrestles with uncertainty
spanner in hand, her poems in her pocket.
You are the busman, bright-eyed and eager to know
your mother's dark land. Your children's children
may enter this city with nothing but strong
boots, good bread and hope to destroy
and create a strange people's history.

*Oxford 1982*

David Kessel: „Jude is a man's Christians name and comes from Thomas Hardys great novel of the 1890's *"Jude the obscure"*. The hero of the novel is a Wessex peasant and store mason who strived to get an education at Oxford. It is a realistic tragedy as he died of tuberculosis and the poverty of his class. Do read the novel."

*In Erinnerung an Jude*

Du konntest noch über den Gesang der Amsel staunen
oberhalb des dämmernden Campus mit düsteren Glocken,
die unter dem Mai Bergahorn läuten.
In Buchläden mitblutend an der Menschheit und dem Sternenhimmel.
Launenhafte Jugendliche mit Tod in ihren Herzen
schlendern die verführerischen Straßen auf und ab
und hinter dicken Mauern erschaffen sie todbringende Worte
voller Erwartung und Angst,
von sich selbst berauscht.
Einzig in den kalten Kirchen kämpfen sie wirklich,
um etwas von dem ihnen versprochenen Leben zu bekommen.
Der verzweifelte Landstreicher ist echter.
Er erinnert sich - wie du -
an die reiche, feuersteinhaltige Erde,
den Ruf des Kuckucks und Geruch des Weizens während eines
Regenschauers.
Dein Tod ist in Stein gemeißelt in Bibliotheksfenstern.
Deine Tränen zornige, beseelte Musik
aus der Kneipe nahe der Haltestelle. Unter einem Bus
rackert sich deine Liebste unsicher ab
mit dem Schraubschlüssel in der Hand, ihre Gedichte in ihrer Tasche.
Du bist der Busfahrer, mit glänzenden Augen und neugierig
darauf, das dunkle Land deiner Mutter kennen zu lernen.
Vielleicht werden die Kinder deiner Kinder diese Stadt erobern
mit nichts als festen Stiefeln, gutem Brot und der Hoffnung zu zerstören
und die Geschichte fremder Menschen neu erschaffen.

*Oxford 1982*

David Kessel: "Jude ist ein Vorname und bezieht sich auf Thomas Hardys großartigen Roman aus den 1890s, *„Jude, der Seltsame"*. Der Held der Geschichte ist ein Landarbeiter und Ladenverkäufer aus Wessex, der alles dafür gibt, in Oxford studieren zu dürfen. Es ist eine wahre Tragödie, weil er an der Armut und Elend seines Standes und an Tuberkulose starb. Ihr müsst den Roman lesen!"

**In Memory of Jude**
*In Erinnerung an Jude*

*The Stillness*
*Die Stille*

*The Stillness*

In the beginning was stillness. But for us wonder came first, for human beings. Then fear. May knew this in her blood and George dwelt on it as they sat and smoked.

Early in the morning was the usual time for this silence between them;

a silence that lay between both and eternity.

The struggle to buy a packet of Bensons and a *Mirror* when the newsagents opened was the same struggle that May had known in bearing her children and that George had endured as a bus driver.

Their one-bedroom bungalow lay on the edge of an Oxfordshire village, down a stony lane lined with sycamore and ash trees; In front of these trees was a large meadow where children played football and cricket, and where of an evening youths wandered searching for a peace that could only be found in the stillness of their hearts.

It was with the first frost, early one November morning that George first spat blood. He was lighting a fag in the lane when he felt a sharp pain in his chest, gave a gravely cough and spat fresh blood and phlegm into the frosty grass.

"What's wrong luv?" May asked; „I spat blood in the lane –

*Must be the cancer*"; "*My ma died of TB when I was twelve*", May said, rubbing his shoulders; "*TB's rare in these parts nowadays*", George said quietly, "*and I 'm of the age for cancer. Besides I've been off my grub and they say that's a sure sign.*"

George bowed his head and cried briefly, then took May's outstretched hand and caressed her fingers. Lighting their fags he looked bravely at the morning light and gave a deep sigh.

*1999*

*Die Stille*

Am Anfang war Stille. Aber für uns kamen Wunder zuerst, für die Menschen. Dann Angst. May wusste das tief im Inneren und George kämpfte noch damit, während sie saßen und rauchten.

Der frühe Morgen war gewöhnlich die Zeit für diese Stille zwischen ihnen, eine Stille zwischen ihnen und der Ewigkeit.

Der Kampf, eine Schachtel Bensons und einen *Mirror** zu kaufen, wenn der Zeitungsladen aufmachte, war der gleiche Kampf, den May bei der Geburt ihrer Kinder kennen gelernt und George als Busfahrer ertragen hatte.

Ihr Bungalow mit einem Schlafzimmer lag am Ende eines Dorfes in Oxfordshire, am Ende eines steinigen Weges, umrahmt von Bergahorn und Eschen. Vor diesen Bäumen lag eine weite Weide, auf der Kinder Fußball und Cricket spielten und von wo aus am Abend Jugendliche umherschlenderten, einen Frieden suchend, der nur in der Stille ihrer Herzen gefunden werden konnte.

Es kam mit dem ersten Frost, früh an einem November Morgen, dass George zum ersten Mal Blut spuckte. Er zündete sich gerade draußen auf dem Weg eine Zigarette an, als er einen scharfen Schmerz in seiner Brust spürte, einen besorgniserregenden Husten von sich gab und frisches Blut und Schleim in das mit Raureif überzogene Gras spuckte.

„Was ist mit dir, Schatz?" fragte May;

„Ich hab Blut auf den Weg gespuckt, muss der Krebs sein."

„Meine Ma starb an TB* als ich zwölf war", sagte May und massierte seine Schultern.

„TB gibt's hier heutzutage kaum noch", sagte George leise, „und ich bin im Alter, wo man Krebs bekommt. Außerdem steh ich schlecht im Futter und sie sagen, das ist ein sicheres Zeichen."

George ließ den Kopf hängen und weinte kurz, dann nahm er Mays ausgestreckte Hand und streichelte ihre Finger. Während sie ihre Zigaretten anzündeten, sahen sie mutig ins Morgenlicht und seufzten tief.

*1999*

*englische Zeitschrift
*TB = Tuberkulose

**Schizoid**

Brighton and Hove without psychology
seediness without the pip
this is a practical life
rape in heaven or tender in hell
an old woman's love
shopping on a Saturday afternoon without memory
words keen
established poets are idiots and liars,
also by definition great poets sleep in gutters
love is pure contingency
the eyes are everything

*July 1991*

*Schizoid*

Brighton und Hove* ohne Psychologie
Schäbigkeit ohne Kern
das ist ein praktisches Leben
vergewaltigt im Himmel oder zärtlich in der Hölle
die Liebe einer alten Frau
Einkaufen am Samstag Nachmittag ohne Erinnerung
scharfe Worte
etablierte Dichter sind Idioten und Lügner,
während genauso sicher
große Poeten im Rinnstein schlafen
Liebe ist nur Zufall
die Augen sind alles

*July 1991*

* In einer Internet Werbebroschüre heißt es über „Brighton und Hove":„Brighton und Hove ist die bezaubernste, interessanteste, außergewöhnlichste Meeresstadt in England. Mit seiner guten Luft, hunderten von Restaurants, dem fieberhaften Nachtleben und Überfluss an Kultur ist Brighton eine der bekanntesten Orte am Meer in ganz England. Der Brighton Pier ist die zweit bekannteste Touristenattraktion des Landes! Im Jahre 2001 wurden wir zur modernsten Stadt in England ernannt, ein Titel, der uns von der Queen anlässlich der Feiern zu ihrem goldenen Jubiläum überreicht wurde."

## New Cross
*for John Van*

We build our own slums. The wind
through the slums blows in the highest
hills. We are all slowly dying
of cold and loneliness, no fags,
no fruit juice, and neighbours with veg
stew and cups of tea. We live with uncertainty,
our giros and our dreams. Yet our aggression
is our frustrated love. In a billion painful
ways we make the little things of love;
A dustman's sweat, a cleaner's arthritis,
a streetlight's mined electricity,
a carpet-layer's emphysema,
a desperate clerk's angina,
a mate's slow moaned caresses.

*1984*

**Neues Kreuz**
 *für John Van*

Wir bauen unsere eigenen Slums. Der Wind
in den Slums bläst auch noch auf den höchsten
Hügeln. Wir sterben langsam alle
an Kälte und Einsamkeit, keine Zigaretten,
keinen Fruchtsaft, und Nachbarn mit Gemüseeintopf und Tee.
Wir leben in Unbestimmtheit,
unser Giros und unsere Träume.
Doch unsere Wut ist unsere frustrierte Liebe.
Auf einer Milliarde schmerzhafte
Weise erschaffen wir die kleinen Dinge der Liebe;
eines Müllmannes Schweiß,
einer Putzfrau Gliederschmerzen,
einer Straßenlaterne implodiertes Licht,
eines Teppichverlegers Staublunge,
einer verzweifelten Angestellten entzündeter Hals,
einer Geliebten langsam ächzende Umarmung.

1984

**Paranoia or Stupidity**
*(being the conjunction of my oddness
with the oddness of the universe)*

Being alone and inaccessible is a difficult thing
more so in these trying days of Gestapo language
and pubs full of concentration camp guards.
I'm not scared of being hurt or killed
but deeply distrust the closing time and space,
the rush to comment, the gush to relate.
I fear direct identification, the winning smile.
Symbolism rules this nation: a whisper heard
on a street, a caricature of my sexuality;
another abusive look at a workman in the road;
a glance of death into sad eyes
where the living struggle for tears;
a dissonant nudge on a bus
when one dreams of making love;
sworn at when I talk to a vagrant;
the conjunction of a car revving up
with belly sigh of longing;
sirens and moonlight.

A land of murderers and gardeners
made unholy for dereliction.
I prefer to find life in the warmth of a few words shared,
the chance of acquaintance of bindweed with a rusted railing.
I will face the future with the blankness of the unknown
and the full vivid protean present.

*February 1989*

*Paranoia oder Stumpfsinn*
 *(die Verbindung meiner Sonderbarkeit*
 *mit der Sonderbarkeit des Universum sein)*

Alleine und wertlos zu sein ist eine schwierige Sache,
besonders in diesen bemühten Tagen der Gestapo Sprache und
Kneipen gefüllt mit Konzentrationslager Wachen.
Ich habe keine Angst davor, verletzt oder getötet zu werden,
aber ich misstraue zutiefst geschlossener Zeit und Raum,
der Eile zu kommentieren, dem sprudelnden Herstellen von Verbindungen.
Ich fürchte unmittelbare Identifikation, das gewinnende Lächeln.
Symbolismus beherrscht diese Nation: Ein Flüstern,
in der Straße gehört, eine Karikatur meiner Geschlechtlichkeit;
ein weiterer abfälliger Blick auf einen Arbeiter auf dem Weg;
ein Schimmer von Tod in traurigen Augen,
in denen das Lebendige um Tränen kämpft;
ein aufstörender Schubs im Bus,
wenn man davon träumt mit jemanden zu schlafen;
verschworen wenn ich mit einem Penner rede;
die Verbindung eines aufheulenden Motors
mit dem körperlichen Seufzer des Verlangens;
Sirenen und Mondlicht.

Ein Land von Mördern und Gärtnern,
entweiht durch Verwahrlosung.
Ich ziehe es vor Leben lieber in der Wärme einer kurzen Unterhaltung zu finden,
die mögliche Vertrautheit einer stählernen Winde mit verrosteten Schienen.
Ich werde der Zukunft im Nebel des Unbekannten begegnen
und in der voll leuchtenden wandelbaren Gegenwart.

*Februar 1989*

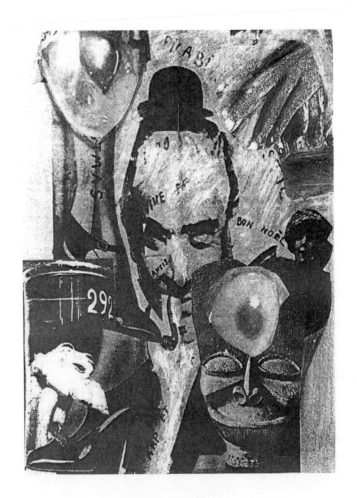

**Paranoia or Stupidity**
*Paranoia oder Stumpfsinn*

**Intimacy**
*Intimität*

**Intimacy**

It seems we have come this far quite alone
and that our suffering has burnt our insides out.

I'm handed a joint in a square next to a fountain
where youths wash their feet and throw rubbish.

I prefer to suffer than to dream
to burn within indelibly as spring.

The youths chat to each other painlessly,
smoking and dreaming without pity.

The moon has no need for us. We live
by our strange inner electricity.

My need to be with a kind woman breathes
on the good stone beneath calm, noble trees.

Thin rock music from the café. A dog
with desperate eyes searches for food.

Facing despair within would make the square
aflame with suppressed tendencies and truth.

A drunk kicks a bottle, talks to everyone.
A girl laughs. A quiet man stares at the stone.

We may help the dog and the drunk.
If we care, their naked hunger can

flower in us, deep and disturbing.
Though, with longing, we may never touch.

Love can break us open into untold spaces
between the trash and the trees, knowing

the oneness of ourselves, and with the stone,
the simple dead and the passionate unborn.

*1982*

*Intimität*

Es scheint, ziemlich einsam sind wir so weit gekommen,
und dass unser Leid unser Inneres ausbrannte.

Einen Joint gereicht bekommen auf einem Platz in der Nähe eines Brunnens,
in dem Jugendliche ihre Füße waschen und Abfall hineinwerfen.

Ich ziehe es vor, zu leiden, anstatt zu träumen
unauslöschlich zu brennen wie der Frühling.

Die Jugendlichen reden schonungslos miteinander,
rauchend und träumend ohne Mitleid.

Der Mond hat keine Verwendung für uns. Wir leben
von unserer seltsamen eigenen, inneren Elektrizität.

Mein Bedürfnis den Atem einer mitfühlenden Frau zu spüren
auf dem angenehmen Stein unter sanften, edlen Bäumen.

Dünne Rockmusik aus einem Café. Ein Hund
mit verzweifelten Augen sucht nach Fressen.

Sich der Verzweiflung im Inneren stellen und der Platz würde aufflammen
von unterdrückten Leidenschaften und Wahrheit.

Ein Betrunkener tritt eine Flasche, spricht mit allen.
Ein Mädchen lacht. Ein stiller Mann starrt auf den Stein.

Vielleicht helfen wir dem Hund und dem Betrunkenen.
Wenn wir uns kümmern, kann ihr nackter Hunger

in uns erblühen, tief und verstörend.
Obwohl, mit Sehnsucht, wir vielleicht nie berühren.

Liebe kann uns in unsagbare Räume aufbrechen
zwischen Müll und den Bäumen, erkennend

die Einzigartigkeit von uns selbst, und mit dem Stein,
die einfach Toten und das feurige Ungeborene.   *1982*

*Possessed*

'She could be a bird, a dead man, a photograph'

Leaves lie golden on the burdened earth.
Understand the jewel on the bitter ground.
Trees are shitless and the giving wind knows
great despair. There is great hunger in the fallen
leaved vein, and purity in the savaged frond.
This flesh delivers the gravel to fragments
of dreams. The sparrows feed on these, to sing
on beaten pavements through the vicious winter.
The moon knows the vicarious sexuality
of the frost-bound stone, watering February spring.
The crocus bleeds with all this furious marrowed sorrow.

*December 1985*

*Besessen*

‚Sie könnte ein Vogel sein, ein toter Mann, ein Photo.'

Blätter sterben golden auf der beladenen Erde.
Begreifen das Juwel am verbitterten Grund.
Bäume sind ohne Schmutz
und der gebende Wind kennt tiefe Verzweiflung.
Da ist großer Hunger in diesen fallenden beblätterten Fasern
und Reinheit im wilden Laub.
Dieses Fleisch trägt den Kies zu Fragmenten von Träumen.
Die Spatzen ernähren sich davon, um über zerschlagenem Pflaster,
durch bösartige Winter hindurch zu singen.
Der Mond kennt die heilige stellvertretende Geschlechtlichkeit
des festgefrorenen Steines,
der Anfang Februar den Frühling einsaugt.
Der Krokus blutet mit all diesem furiosen innersten Leid.

*Dezember 1985*

## To Bleed With Her

O anarcho Commie girl, all struggle and bleeding,
me in an asylum with my Black friend Dennis,
dreaming of fags and heroin;
a little bit of freedom
in the slavery of our madness.
her with the starlings and waning moon,
with her fierce April heart,
bleeding with the fierce womb of her lonesomeness
and the lonely wandering workman.
On windy mornings in the market square where
but to hold her hand is my life's blood.
O to share a fag on wintry evenings
in a lonely street - all iron and sleet.

*February 1992*

*Mit Ihr Zu Bluten*

Oh anarchistisch kommunistisches Mädchen, alle Kämpfe und alles Bluten,
ich in einer Asylunterkunft mit meinem schwarzen Freund Dennis,
träumend von Zigaretten und Heroin;
ein kleines Stück Freiheit
in der Sklaverei unseres Wahnsinns.
Sie mit den Staren und abnehmenden Mond
mit ihrem grimmigen April Herzen,
blutend an dem scheußlichen Ursprung ihrer Einsamkeit
und den einsam trottenden Arbeiter.
An windigen Morgen auf dem Marktplatz, nichts anderes als
ihre Hand zu halten, ist mein Herzblut.
Oh, eine Fluppe zu teilen an winterlichen Abenden
auf einsamer Straße - alles eisern und voll Graupel.

*Februar 1992*

*For Desmond Trotter*

Will the Queen be hanging Desmond Trotter,
knight of the freedom fighter?
We English it is well known are very fair,
even on holiday we'll see justice done,
horizon-drunk, ocean sat-upon, native girl plucked:
tyranny ripening in our minds like fruit.

Strung between the royal past and the plebeian future, a youth,
all black between the sea and the sun.

Back home bitter we contemplate our rotting state;
then to dreams silent as snow, sick with sweetness.
The moaning world outside like a great flowing tide
staked-round with guns and secrecy briars and blindness.
Death leaps from Dominica* to hackney keen as daylight;

I stumble out into my back-garden, where snowdrops swing
black as the earth-trapped spring.

*1974*

---

*Dominica gehört zu den Westindischen Inseln in der Karibik und ist 750 Quadratkilometer groß. Heute leben etwa 71 000 Einwohnern auf dieser „Insel über dem Winde". Mehr als 90 Prozent davon sind Schwarze, die von im 18. Jahrhundert von Afrika nach Amerika verschleppten Sklaven abstammen. Benannt wurde Dominica 1493 von Christoph Kolumbus. Die einheimische Bevölkerung, die Kariben, wehrte sich zunächst erfolgreich gegen frühe europäische Kolonisierung (eine kleine Gruppe lebt bis heute noch dort). Aber seit 1763 stand Dominica unter britischer Herrschaft. Zwar wurde die Insel 1967 offiziell ein eigener Staat, aber die Politik wurde weiterhin von London bestimmt.

*Für Desmond Trotter*

Wird die Königin ihn hängen, Desmond Trotter
Ritter der Freiheitskämpfer?
Wir Engländer, das ist allgemein bekannt, sind sehr fair:
Selbst in den Ferien sehen wir zu, dass der Gerechtigkeit genüge getan wird,
horizont betrunken, Ozean drauf gesetzt, Eingeborenen Mädchen zerrissen:
Tyrannei reift in unserem Geist wie eine Frucht.

Festgezurrt zwischen der monarchistischen Vergangenheit und der plebejischen Zukunft, eine Jugend,
völlig Schwarz zwischen der See und der Sonne.

Zurück Zuhause betrachten wir grimmig unseren verrottenden Staat;
dann zu Träumen still wie Schnee, krank vor Süße.
Die stöhnende Welt draußen wie eine gewaltig schäumende Strömung
eingezäunt mit Gewehren und Geheimhaltung, Dornen und Blindheit.
Tod springt von Dominica nach Hackney, schneidend wie das Tageslicht.

Ich schwanke nach draußen in meinen Hintergarten, wo Schneeflocken schwingen
schwarz wie der Erd gefangene Frühling.

*1974*

Desmond Trotter, ein schwarzer Unabhängigkeitaktivist, wurde 1974 in einem zweifelhaften Prozess wegen Mordes zum Tode verurteilt. Die Anti-Kolonialbewegung in Großbritannien, in der David aktiv war, erreichte, dass das Todesurteil in lebenslange Haft umgewandelt wurde.
Am 2. November 1978 erlangte Dominica die volle Unabhängigkeit und trat den Vereinten Nationen bei.

**Tough one**

In an East End park I smoke to death.
Do I care or take the piss?

Fury in the heart of an old timer;
hanging and idiocy – English fascism.

Toffs think life's a game;
the "shagging dead" I call them.

"White Power" – a cockney tragedy;
a mug of tea the colour of blood.

Freudian psychos talk about arseholes,
good folk, about saving the earth.

Will our great sea-faring nation come to this:
a Bengali lad, stuck in the gut, then pissed on?

Working class internationalism as rare
and wonderful as the black redstart.

Never so happy as growing old with
a loved one in a quiet council flat.

A low grey sky over Bethnal Green
and a cockney lassies whistled song.

*Tuesday 21 June 2005*

*Harter*

In einem East End Park rauch ich mich zu Tode.
Kümmert mich das oder scheiß ich drauf?

Aufruhr in dem Herzen eines Oldtimers;
hängen und Idiotie – englischer Faschismus!

Feine Pinkel denken das Leben ist ein Spiel;
die „flüchtenden Toten" nenn ich sie.

„White Power"– eine Cockney Tragödie;
eine Teekanne die Farbe des Blutes.

Freudianische Psychos reden über Arschlöcher,
gute Leute darüber, die Erde zu retten.

Wird unsere große See fahrende Nation zu dem:
Ein bengalischer Junge, in den Dreck gestoßen, dann angepinkelt?

Proletarischer Internationalismus so selten
und wundervoll wie das schwarze Rotschwänzchen.

Niemals so glücklich sein, alt zu werden mit
einer Liebe in einer ruhigen städtischen Wohnung.

Ein tief hängender grauer Himmel über Bethnal Green
und eines Cockney Mädels gepfiffenes Lied.

*Dienstag, 21 Juni 2005*

*The River*
> For Andrew Gleadall

Freedom from self is the greatest freedom
across the arguing river.
Your golden web must sing in the tributary of despair
with broken spirit and holy rock.
This is the way it was before man first raped his sister
out of anger with his poverty,
and will be after the last lust's spent.
Love is human responsibility
and the raging of the moon over Brixton Streets;
you in a backstreet pub where Blacks play pool and dominoes
and sing lowly of labour and lost earth;
with your girl drinking rough red wine,
learning Jamaican brogue with an old chippie
bleeding into your souls;
the bitter dark bleeding and the aching inner light.
Bidding goodnight in tipsy Cockney
your room dimly lit and spare with Dylan music
a dog barking in a hungry street
the terrible bond of cunt-love whereby
a man learns to walk the grey giving savage waters.
And I am waiting for a Cockney Turner
to paint the London streets with nobility and guts.

*1984*

***Der Fluss***
   *für Andrew Gleadall*

Freiheit vom Selbst ist die größte Freiheit
über den murmelnden Fluss.
Dein goldenes Netz muss singen, bezahlt für die Verzweiflung
mit gebrochenem Geist und heiligem Felsen.
So war es, bevor der Mann zum ersten Mal seine Schwester vergewaltigte
aus Zorn über seine Armut
und so wird es noch sein, nachdem das letzte Verlangen sich erschöpft hat.
Liebe ist menschliche Verantwortung
und das Toben des Mondes über den Straßen von Brixton;
Du in einer Hinterhauskneipe, in der Schwarze Billard und Domino spielen
und über die Arbeit und die verlorene Erde summen;
mit deinem Mädchen, die den rauen roten Wein trinkt,
während wir den Jamaika Akzent von einer alten Nutte lernen,
blutet hinein in unseren Seelen,
das bittere dunkle Bluten und das schmerzende innere Licht;
eine gute Nacht im beschwipsten Cockney wünschend,
dein Raum im Dämmerlicht erleuchtet und ausgefüllt von Dylans Musik,
bellender Hund in hungriger Straße
die schreckliche Bindung der Fotzenliebe,
wodurch ein Mann lernt,
entlang den grau verströmenden wilden Wassern zu wandern.
So warte ich auf den Cockney Anstreicher,
der die Londoner Straßen anmalt
mit Edelmut und Kraft.

*1984*

## A Mug of Black Coffee

A listless fury in my right foot.
A greasy bacon butty in June hail
and the fervour of dogs fornicating in the park.
Anger of love that disturbs the malicious street
leaping in the gutter with petrol and stubbed fags.
The rusty smell of the sea and the misogynists` guilt
in a laden heart, where the split ego flows over curious shingles.
A dying carnation in a tea-shop. Grief for a lost
darling and a smile for the wide-eyed courageous waitress.
Pizza pie and sad rock across the zany
divided town, and a savage lamenting westerly.

*May 1987*

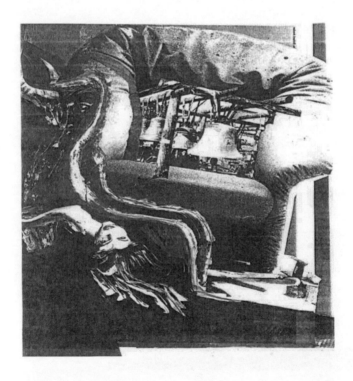

*Ein Becher schwarzer Kaffee*

Ein stumpfer Aufruhr in meinem rechten Fuß.
Ein schmieriger speckiger Kamerad im Juni Hagel
und die Inbrunst der Hunde im Park beim rumvögeln.
Wut auf Liebe, die die hinterlistige Straße stört,
indem sie über das den Rinnstein entlanglaufende Benzin
und die ausgetretenen Kippen hinweg springt.
Der rostige Geruch der See und die Schuld des Frauenfeindes
im beladenem Herzen, wo das geteilte Ego über seltsame Schindeln
rinnt.
Sterbende Gartennelke im Teeladen. Seufzer über eine verlorene
Geliebte und ein Lächeln für die mutige Kellnerin mit offenen Augen.
Pizzakuchen und traurige Rockrhythmen über den dümmlich
verbauten Ort, und ein wild klagender Westwind.

*Mai 1987*

## Poetry and Poverty

Poetry as witness.
All poetry is a poetry of hunger for the particular rather than the general.
The purpose of poetry is to create hope in desperate circumstances.
The poetry of the common people has been driven underground since 1660*.
Poetry and otherness; the otherness of the common people.
When we cease to share, our language becomes a cipher,
the language of the despatch box and the popular press.
Towards a new lyricism we need to rediscover a deciduous
language, the language of Winstanley* and Emily Bronte.

Cockney poetry is underground poetry expressed in Rock music;
downbeat, dissonant, demotic; e.g. The Clash, The Jam, The Free.
Celebration of the ordinary.
Nature of the City.
Metaphysics of poverty.
There can be no cockney power without cockney poetry.

*1999*

---

*1660: Restauration der Monarchie in England: *Charles II.*, Sohn des am 30.1.1649 hingerichteten Königs *Charles I.*, kehrte im Mai 1660 aus dem Exil zurück.

*Gerrad Winstanley*, (1609-1676), eigentlich ein Schneider, begann 1649 mit zunächst nur 12 Freunden brachliegendes Land in Südengland zu besetzen, zu bearbeiten und die Ernte zu verteilen. Von ihren Feinden verächtlich „*Diggers*" (Buddler) genannt, bezeichneten sie sich selbst als „*True Levellers*" (die wahren Gleichmacher), die Gemeineigentum und damit einen frühen Kommunismus forderten. – (Die gemäßigten „*Levellers*" traten lediglich für bestimmte Rechte des Einzelnen ein, z.B. das Recht eines Jeden, Land zu erwerben.) - Den „*True Levellers*" schlossen sich bald mehr Landlose an, meist Veteranen der „*New Model Army*", der Bürgerkriegsarmee *Oliver Cromwells*. Grund genug für den obersten Richter des Landes *Lord Fairfax* 1650 die neu entstehenden freien Kommunen gewaltsam aufzulösen. *Winstanley* argumentierte in seinen Schriften, dass Herrschaft des Menschen über den Menschen weder dem Willen Gottes entspräche, noch in der christlichen Urgemeinde praktiziert worden sei.

*Dichtung und Armut*

Dichtung als Zeuge.
Jede Dichtung ist Hunger nach etwas Besonderem eher als nach *Allgemeine*(m).
Dichtung will Hoffnung erschaffen trotz verzweifelter *Umstände*.
Die Dichtung des einfachen Volkes in den Untergrund gedrängt *seit 1660*.
Dichtung und Andersartigkeit; die Andersartigkeit der einfachen Menschen.
Wenn wir aufhören zu teilen, wird unsere Sprache bedeutungslos, zur Sprache im Telegrammstil und der bürgerlichen Presse.
Auf dem Weg zu einer neuen Lyrik müssen wir eine entblätternde Sprache wieder entdecken, die Sprache von Winstanley und Emily Brontê*.

Cockney Dichtung ist Untergrund Dichtung, die sich ausdrückt in Rock Musik, heruntergehämmert, widerspenstig, abgewertet; z.B. The Clash, The Jam, The Free.
Feier des Alltags.
Die Natur der Stadt.
Die Metaphysik der Armut.
Es kann keine Cockney Macht ohne Cockney Dichtung geben.

*1999*

---

*Emily Jane Brontë*, (1818-1848), englische Schriftstellerin. Sie wuchs in der Moor- und Heidelandschaft Yorkshires, Nordenglands auf. Gemeinsam mit ihren Schwestern Anne und Charlotte verfasste sie einen 1847 erschienen Gedichtband. Ein Jahr später erschien unter dem Pseudonym *Ellis Bell* der Roman „*Die Sturmhöhe*"(verfilmt 1992 mit Juliet Binoche und Ralph Fiennes), der aufgrund der dargestellten erotisch-sexuellen Gefühle der weiblichen Hauptfiguren im viktorianischen England einen Skandal verursachte.

**Poetry and Poverty**
*Dichtung und Armut*

# Gesamtverzeichnis Verlag Edition AV

## Anarchie ♦ Theorie ♦ Pädagogik ♦ Literatur ♦ Lyrik ♦ Theater ♦ Satire ♦ Geschichte

**Gwendolyn von Ambesser ♦ Die Ratten betreten das sinkende Schiff** ♦ Das absurde Leben des jüdischen Schauspielers Leo Reuss ♦ 3-936049-47-5 ♦ 18,00 €

**Gwendolyn von Ambesser ♦ Schaubudenzauber** ♦ Geschichten und Geschichte eines legendären Kabaretts ♦ 3-936949 – 68-8 ♦ Preis 18,00 €

**Yair Auron ♦ Der Schmerz des Wissens** ♦ Die Holocaust- und Genozid-Problematik im Unterricht ♦ ISBN 3-936049-55-6 ♦ 18,00 €

**Alexander Berkman ♦ Der bolschewistische Mythos.** Tagebuch aus der russischen Revolution 1920 – 1922. ♦ ISBN 3-936049-31-9. ♦17,00 €

**Franz Barwich ♦ Das ist Syndikalismus** ♦ Die Arbeiterbörsen des Syndikalismus ♦ ISBN 3-936049-38-6 ♦ 11,00 €

**Ermenegildo Bidese ♦ Die Struktur der Freiheit** ♦ Chomskys libertäre Theorie und ihre anthropologische Fundierung ♦ ISBN 3-9806407-3-6 ♦ 4,00 €

**Ralf Burnicki ♦ Anarchismus & Konsens.** Gegen Repräsentation und Mehrheitsprinzip: Strukturen einer nichthierarchischen Demokratie ♦ ISBN 3-936049-08-4 ♦ 16,00 €

**Ralf Burnicki ♦ Die Straßenreiniger von Teheran** ♦ Lyrik aus dem Iran ♦ ISBN 3-936049-41-6 ♦ 9,80 €

**Michael Bootz ♦ Besser wird nischt** ♦ Neue Wertschöpfungsgeschichten ♦ Satiren ♦ ISBN 3-936049-63-7 ♦ 12,50 €

**Cornelius Castoriadis ♦ Autonomie oder Barbarei** ♦ Ausgewählte Schriften, Band 1 ♦ ISBN 3-936049-67-x ♦ 17,00 €

**Helge Döhring ♦ Syndikalismus im „Ländle"** ♦ Die Freie Arbeiter-Union Deutschlands (FAUD) in Würtemberg 1918 – 1933) ♦ ISBN 3-936049-59-9 ♦ 16,00 €

**Wolfgang Eckhardt ♦ Von der Dresdner Mairevolte zur Ersten Internationalen** ♦ Untersuchungen zu Leben und Werk Michail Bakunin ♦ ISBN 3-936049-53-x ♦ 14,00 €

**Magnus Engenhorst ♦ Kriege nach Rezept** ♦ Geheimdienste und die NATO ♦ ISBN 3-936049-06-8 ♦ 8,90 €

**FAU-Mat ♦ Gender und Arbeit** ♦Geschlechterverhältnis im Kapitalismus ♦ ISBN 3-936049-73-4 ♦ 7,00 €

**FAU-Bremen ♦ Die CNT als Vortruoo des internationalen Anarcho-Syndikalismus** ♦ Die Spanische Revolution 1936 – Nachbetrachtung und Biographien ♦ 978-3-936049-69-5 ♦ 14,00 €

**Francisco Ferrer ♦ Die Moderne Schule** ♦ Herausgegeben und kommentiert von Ulrich Klemm ♦ ISBN 3-936049-21-1 ♦ 17,50 €

**Moritz Grasenack (Hrsg.) ♦ Die libertäre Psychotherapie von Friedrich Liebling**♦ Eine Einführung in seine Großgruppentherapie anhand wortgetreuer Abschriften von Therapiesitzungen ♦ Mit Original-Tondokument und Video auf CD-ROM ♦ ISBN 3-936049-51-3 ♦24,90 €

**Marijana Gršak, Ulrike Reimann &Kathrin Franke ♦ Frauen und Frauenorganisationen im Widerstand** ♦ In Kroatien, Bosnien und Serbien ♦ ISBN 3-936049-57-2 ♦ 17,00 €

**Stefan Gurtner ♦ Das grüne Weizenkorn** ♦ Eine Parabel aus Bolivien♦ Jugendbuch ♦ ISBN 3-936049-40-8 ♦ 11,80 €

**Stefan Gurtner** ♦ **Die Abenteuer des Soldaten Milchgesicht** ♦ Historischer Roman ♦ ISBN 3-936049-62-9 ♦ 14,00 €
**Michael Halfbrodt** ♦ **entscheiden & tun. drinnen & draußen.** ♦ Lyrik ♦ ISBN 3-936049-10-6 ♦ 9,80 €
**Fred Kautz** ♦ **Die Holocaust-Forschung im Sperrfeuer der Falkhelfer** ♦ Vom befangenen Blick deutscher Historiker aus der Kriegsgeneration ♦ ISBN 3-936049-09-2 ♦ 14,00 €
**Fred Kautz** ♦ **Im Glashaus der Zeitgeschichte** ♦ Von der Suche der Deutschen nach einer passenden Vergangenheit ♦
**Ulrich Klemm** ♦ **Anarchisten als Pädagogen** ♦ Profile libertärer Pädagogik ♦ ISBN 3-936049-05-X ♦ 9,00 €
**Ulrich Klemm** ♦ **Freiheit & Anarchie** ♦ Eine Einführung in den Anarchismus ♦ ISBN 3-936049—49-1 ♦ 9,80 €
**Markus Liske** ♦ **Deutschland. Ein Hundetraum** ♦ Satire ♦ ISBN 3-936049-25-4 ♦ 16,00 €
**Markus Liske** ♦ **Freier Fall für freie Bürger**♦ Eine Sozialgroteske ♦ ISBN 3-936049-65-4 ♦ 11,80 €
**Subcomandante Marcos** ♦ **Der Kalender des Widerstandes.** Zur Geschichte und Gegenwart Mexikos von unten ♦ ISBN 3-936049-24-6 ♦ 13,00 €
**Stefan Mozza** ♦ **Abschiet** ♦ Roman ♦ ISBN 3-936049-50-5 ♦ 16,00 €
**Jürgen Mümken; Freiheit, Individualität & Subjektivität.** ♦ Staat und Subjekt in der Postmoderne aus anarchistischer Perspektive. ♦ ISBN 3-936049-12-2.♦ 17,00 €
**Jürgen Mümken** ♦ **Anarchosyndikalismus an der Fulda.** ♦ ISBN 3-936049-36-X. ♦ 11,80 €
**Jürgen Mümken (Hrsg.)** ♦ **Anarchismus in der Postmoderne** ♦ Beiträge zur anarchistischen Theorie und Praxis ♦ ISBN 3-936049-37-8 ♦ 11,80 € ♦
**Jürgen Mümken** ♦ **Kapitalismus und Wohnen** ♦ Ein Beitrag zu Geschichte der Wohnungspolitik im Spiegel kapitalistischer Entwicklungspolitik und sozialer Kämpfe ♦ ISBN 3-936049-64-5 ♦ 22,00 €
**Abel Paz** und die **Spanische Revolution.** Interviews und Vorträge. ♦ ISBN 3-936049-33-5 ♦ 11,00 €
**Wolfgang Nacken** ♦ **auf'm Flur** ♦ Roman ♦ ISBN 3-936049-28-9 ♦ 11,80 €
**Rudolf Naef** ♦ **Russische Revolution und Bolschewismus 1917/18 in anarchistischer Sicht** ♦ Aus vielen Originalquellen ♦ ISBN 3-936049-54-8 ♦ 14,00 €
**Stefan Paulus** ♦ **Zur Kritik von Kapital und Staat in der kapitalistischen Globalisierung** ♦ ISBN 3-936049-16-5 ♦ 11,00 €
**Abel Paz & die Spanische Revolution** ♦ Bernd Drücke, Luz Kerkeling, Martin Baxmeyer (Hg.) ♦ Interviews und Vorschläge ♦ 3-936049-33-5 ♦ 11,00 €
**Alfons Paquet** ♦ **Kamerad Fleming** ♦ Ein Roman über die Ferrer-Unruhen ♦ ISBN 3-936049-32-7 ♦ 17,00 €
**Dietrich Peters** ♦ **Der spanische Anarcho-Syndikalismus** ♦ Abriss einer revolutionären Bewegung ♦ ISBN 3-936049-04-1 ♦ 8,80 €
**Benajmin Péret** ♦ **Von diesem Brot esse ich nicht** ♦ Sehr böse Gedichte ♦ ISBN 3-936049-20-3 ♦ 9,00 €
**Oliver Piecha** ♦ **Roaring Frankfurt** ♦ Ein kleines Panorama der Frankfurter Vergnügungsindustrie in der Weimarer Republik ♦ ISBN 3-936049-48-3 ♦ 17,00 €
**Pierre J. Proudhon** ♦ **Die Bekenntnisse eines Revolutionärs.** ♦ ISBN 3-9806407-4-4 ♦ 12,45 €
**Michel Ragon** ♦ **Das Gedächtnis der Besiegten** ♦ Roman ♦ ISBN 3-936049-66-1 ♦ 24,80 €
**Manja Präkels** ♦ **Tresenlieder** ♦ Gedichte ♦ ISBN 3-936049-23-8 ♦ 10,80 €

Heinz Ratz ♦ **Der Mann der stehen blieb** ♦ 30 monströse Geschichten ♦ ISBN 3-936049-4445-9 ♦ 18,00 €
Heinz Ratz ♦ **Die Rabenstadt** ♦ Ein Poem ♦ ISBN 3-936049-27-0 ♦ 11,80 €
Heinz Ratz ♦ **Apokalyptische Lieder** ♦ Gedichte ♦ ISBN 3-936049-22-X ♦ 11,00 €
Heinz Ratz ♦ **Hitlers letzte Rede** ♦ Satire ♦ ISBN 3-936049-17-3 ♦ 9,00 €
Massoud Shirbarghan ♦ **Die Nacht der Heuschrecken** ♦ Roman aus Afghanistan ♦ ISBN 3-936049-30-0 ♦ 11,80 €
Nivi Shinar-Zamir ♦ **ABC der Demokratie** ♦ Demokratie-Erziehung für Kinder vom Kindergarten bis zur 6. Klasse ♦ 3-936049-61-0 ♦ 29,80 €
Oliver Steinke ♦ **Das Auge des Meerkönigs** ♦ Historischer Roman ♦ ISBN 3-936049-46-7 ♦ 14,00 €936049-29-7 ♦ 14,00 €
Oliver Steinke ♦ **Der Verrat von Mile End** ♦ Historischer Roman ♦ ISBN 3-936049-18-1 ♦ 14,00 €
Oliver Steinke ♦ **Füchse der Ramblas** ♦ Historischer Roman ♦ ISBN 3-936049-46-7 ♦ 14,00 €
Sulamith Sparre ♦ **Eine Frau jenseits des Schweigens** ♦ Die Komponistin Fanny Mendelssohn- Hensel ♦ ISBN 3-936049-60-2 ♦ 12,00 €
Sulamith Sparre ♦ **Denken hat kein Geschlecht** ♦ Mary Wollstonecraft (1759 – 1797), Menschenrechtlerin ♦ ISBN 3-93604-70-x ♦ 17,00 €
Sulamith Sparre ♦ **Rahel Levin Varnhagen** ♦ Saloniére, Aufklärerin, Selbstdenkerin, romantische Individualistin, Jüdin ♦ ISBN 978-3-93604-76-3 ♦ 16,00 €
Katalin Stang ♦ **Freiheit und Selbstbestimmung als behindertenpädagogische Maxime** ♦ ISBN 3-9806407-5-2 ♦ 8,40 €
Leo Tolstoi ♦ **Libertäre Volksbildung** ♦ Herausgegeben und kommentiert von Ulrich Klemm ♦ ISBN 3-936049-35-1 ♦ 14,00 €
Rubén Trejo ♦ **Magonismus** ♦ Utopie und Praxis in der Mexikanischen Revolution 1910 – 1913 ♦ ISBN 3-936049-65-3 ♦ 17,00 €
Kurt Wafner ♦ **Ausgeschert aus Reih' und Glied** ♦ Mein Leben als Bücherfreund und Anarchist ♦ Autobiographie ♦ ISBN 3-9806407-8-7 ♦ 14,90 €
Kurt Wafner ♦ **Ich bin Klabund. Macht Gebrauch davon!** ♦ Biographie ♦ ISBN 3-936049-19-X ♦ 10,80 €
Lily Zográfou ♦ **Beruf: Porni [Hure]** ♦ Kurzgeschichten ♦ ISBN 3-936049-71-8 ♦ 16,00 €

# Immer aktuell unter: www.edition-av.de